AF175742

Impressum
Verlag: BABADADA GmbH, Nedderfeld 112 , 22529 Hamburg
Geschäftsführer / Verlagsleitung: Harald Hof
Druck: Books on Demand GmbH, In de Tarpen 42, 22848 Norderstedt

Imprint
Publisher: BABADADA GmbH, Nedderfeld 112 , 22529 Hamburg, Germany
Managing Director / Publishing direction: Harald Hof
Print: Books on Demand GmbH, In de Tarpen 42, 22848 Norderstedt

sekoly
escola

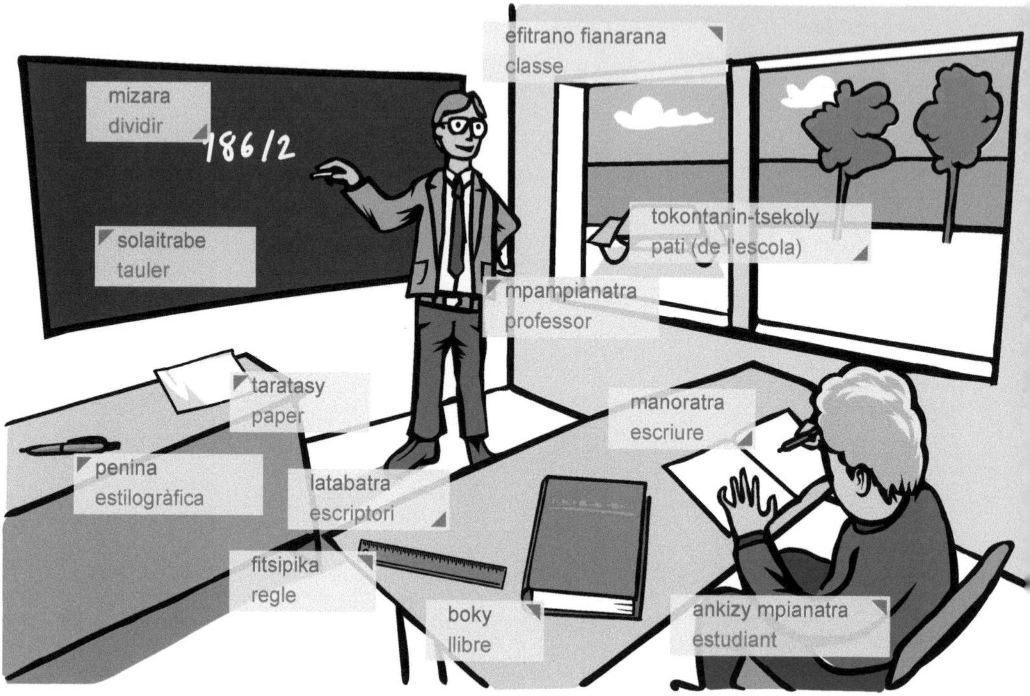

efitrano fianarana
classe
mizara
dividir
186/2
solaitrabe
tauler
tokontanin-tsekoly
pati (de l'escola)
mpampianatra
professor
taratasy
paper
manoratra
escriure
penina
estilogràfica
latabatra
escriptori
fitsipika
regle
boky
llibre
ankizy mpianatra
estudiant

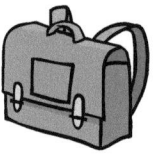

kitapo
bossa

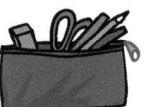

torosy
estoig

pensilihazo
llapis

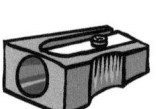

fandrangitana pensilihazo
maquineta de fer punta

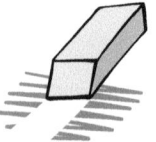

gaoma
goma

karne fanaovana sary
bloc de dibuix

sary
dibuix

borosy fandokoana
pinzell

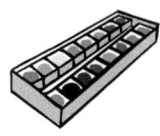

boaty loko
capsa de pintures

hety
tisores

lakaoly
cola

kahie fampiasàna
quadern d'exercicis

enti-mody
deures

12

tarehi-marika
nombre

2+2

manampy
afegir

5-2

manala
sostreure

2×2

mampitombo
multiplicar

mikajy
calcular

A

taratasy
lletra

ABCDEFG
HIJKLMN
OPQRSTU
VWXYZ

abidia
alfabet

hello

teny
mot

lahatsoratra

text

mamaky

llegir

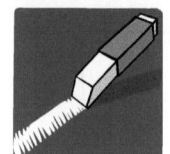

tsaoka

guix

lesona

lliçó

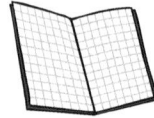

boky fianarana

llibre de classe

fanadinana

examen

sertifikà

certificat

fanamian'ny mpianatra

uniforme escolar

fiofanana

formació

raki-pahalalana

enciclopèdia

oniversite

universitat

mikraoskaopy

microscopi

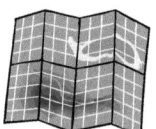

sarintany

mapa

fanariana fako taratasy

paperera

fitsangatsanganana
viatge

hôtely
hotel
tranom-bahiny
alberg
toerana fanakalozana vola
oficina de canvi
valizy
maleta
fiara
automòbil

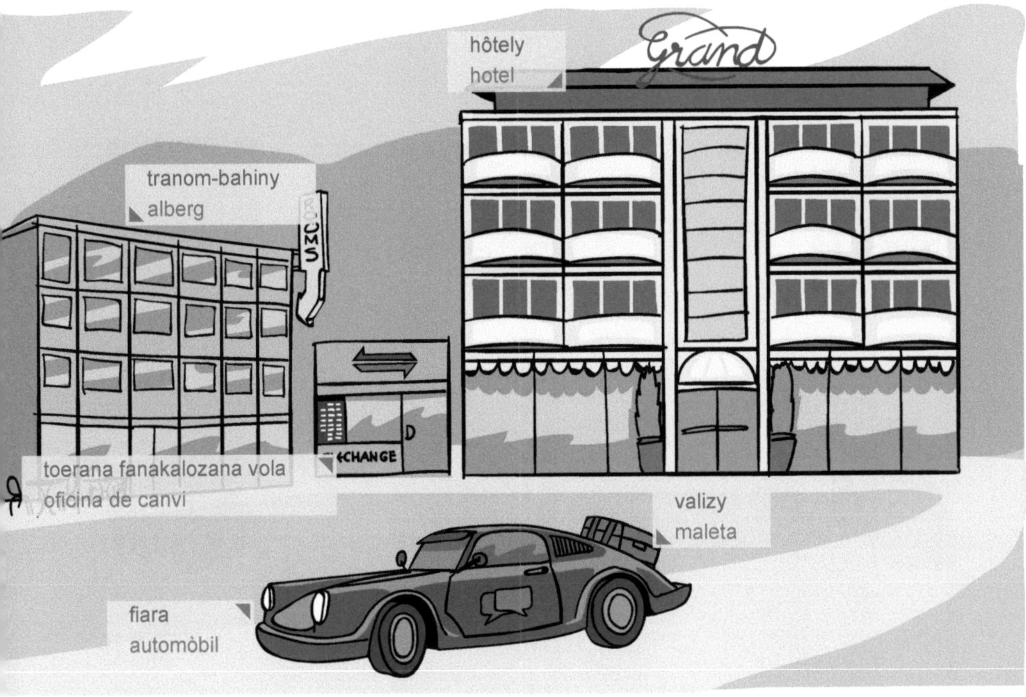

fiteny

llengua

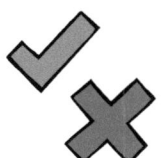

eny / tsia

sí / no

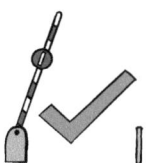

Eny àry

D'acord

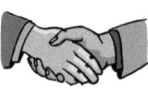

salama

Ey!

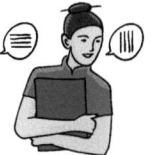

mpandika teny

traductora

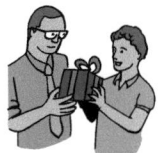

Misaotra

gràcies

ohatrinona...?

Quant costa... ?

Tsy azoko izany

No entenc

olana

problema

Salama ô!

Bona nit!

Arahaba tra-maraina e!

bon dia!

Tsara mandry ô!

bona nit!

veloma

fins aviat

fitantanana

direcció

entan'ny mpandeha

bagatge

harona

bossa

kitapo

sarrona

vahiny

convidat

efitrano

cambra

fandriana enti-tànana

sac de dormir

tanty

tenda

birao miandraikitra ny fizahantany

oficina de turisme

moron-tsiraka

platja

fahana amin'ny karatra

carta de crèdit

sakafo maraina

esmorzar

sakafo atoandro

dinar

sakafo hariva

sopar

tapakila

bitllet

ascenseur

ascensor

hajia

segell

tany manasaraka

frontera

fadin-tseranana

duana

ambasady

ambaixada

visa

visat

pasipaoro

passaport

fitaterana

transport

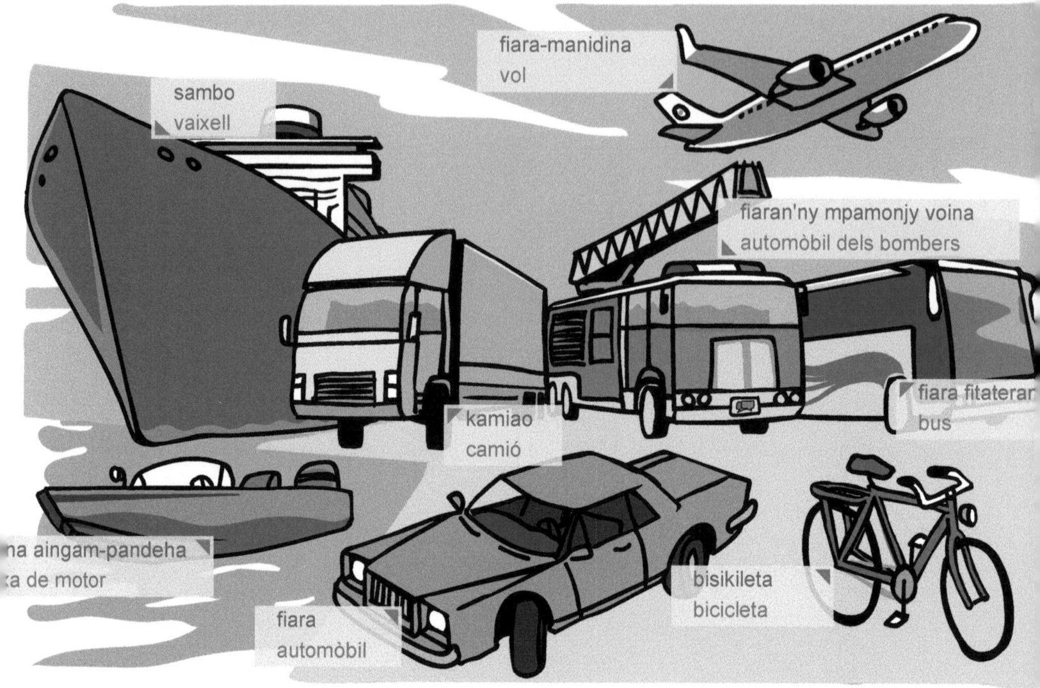

fiara-manidina
vol
sambo
vaixell
fiaran'ny mpamonjy voina
automòbil dels bombers
fiara fitateran
bus
kamiao
camió
na aingam-pandeha
a de motor
bisikileta
bicicleta
fiara
automòbil

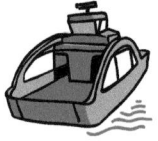

sambobe

transbordador

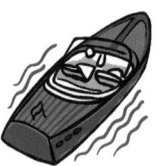

sambo

barca

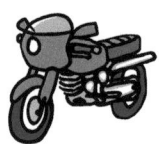

môtô

moto

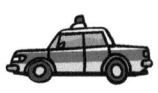

fiaran'ny polisy

automòbil de policia

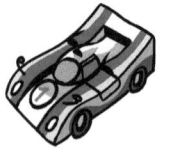

fiara mpihazakazaka

automòbil de curses

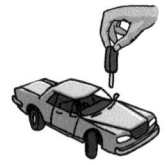

fiara fanofa

automòbil de lloguer

zara fiara

vehicle compartit

fiara etsy babeko

grua

fiara mpitatitra fako

camió de les escombraries

môtera

motor

solika

benzina

tobin-tsolika

benzineria

tondro fifamoivoizana

senyal de trànsit

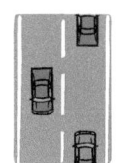

fifamoivoizana

trànsit

fitohanan'ny fifamoivoizana

embús

fitobian'ny fiara

aparcament

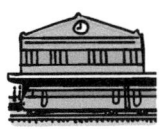

fiantsonan'ny fiaran-dalamby

estació de trens

lalamby

vies

fiaran-dalamby

tren

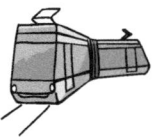

tramway

tramvia

kalesy

vagó

angidimby

helicòpter

seranam-piaramanidina

aeroport

tilikambo

torre

mpandeha

passatger

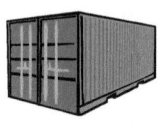

kaontenera

contenidor

baoritra

capsa de cartó

chariot

carretó

harona

cistella

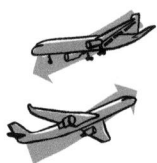

miainga / midina

enlairar-se / aterrar

renivohitra
ciutat

ambanivohitra

poble

afovoan-tanàna

centre de la ciutat

trano

casa

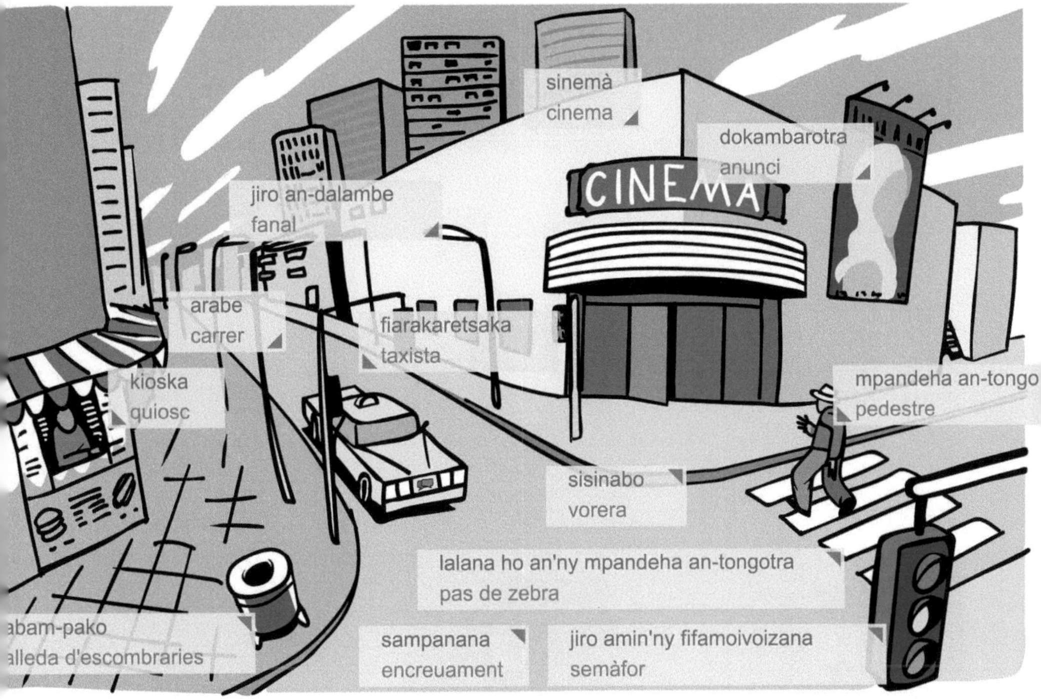

sinemà
cinema

dokambarotra
anunci

jiro an-dalambe
fanal

CINEMA

arabe
carrer

fiarakaretsaka
taxista

kioska
quiosc

mpandeha an-tongo
pedestre

sisinabo
vorera

lalana ho an'ny mpandeha an-tongotra
pas de zebra

abam-pako
alleda d'escombraries

sampanana
encreuament

jiro amin'ny fifamoivoizana
semàfor

trano bongo

cabana

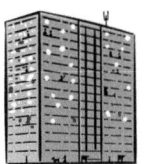

tranobe

apartament

fiantsonan'ny fiaran-
dalamby

estació de trens

firaisana

casa de la vila-ciutat

donia

museu

sekoly

escola

oniversite

universitat

banky

banca

hopitaly

hospital

hôtely

hotel

farmasia

farmàcia

birao

oficina

fivarotam-boky

llibreria

fivarotana

botiga

mpivarotra voninkazo

floristeria

supermarché

supermercat

tsena

mercat

tranobe fivarotana

gran magatzem

mpivarotra trondro

peixateria

toeram-pivarotana lehibe

centre comercial

seranana

port

valan-javaboary
parc

latabatra
banc

tetezana
pont

totohatra
escala

metrô
metro

tonelina
túnel

fiantsonan'ny fiara
mpitondra olona

parada d'autobús

bara
bar

toeram-pisakafoanana
restaurant

boatin-taratasy paositra
bústia de correu

famantarana an-arabe
senyal indicador

parcmètre
parquímetre

valan-javaboary
zoo

dobo filomanosana
piscina

moskea
mesquita

toeram-pambolena

granja

loto

pol·lució

fasana

cementiri

trano fiangonana

església

tokontany filalaovana

parc infantil

tempoly

temple

endritany

paisatge

ravina
fulla

tondro famantarana
cartell indicador

làlana
camí

kijana
prat

vato
pedra

hazo
arbre

mpihani-bohitra
excursionista

renirano
riu

bozaka
gespa

voninkazo
flor

lemaka

vall

vohitra

muntanya

laka

llac

ala

bosc

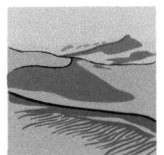

tany hay

desert

volkano

volcà

rova

castell

avana

arc de Sant Martí

holatra

bolet

hazom-boanio

palmera

moka

moscard

lalitra

mosca

vitsika

formiga

tantely

abella

hala

aranya

voangory

escarabat

sahona

granota

vontsira

esquirol

trandraka

eriçó

bitro

llebre

vorondolo

òliba

vorona

ocell

gisabe

cigne

lambo

senglar

cerf

cervo

voalavo

ant

toha-drano

presa

helisy ahodin-drivotra

turbina

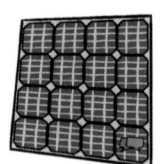

takela-masoandro

panell solar

toetr'andro

clima

toeram-pisakafoanana
restaurant

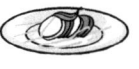

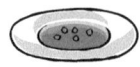

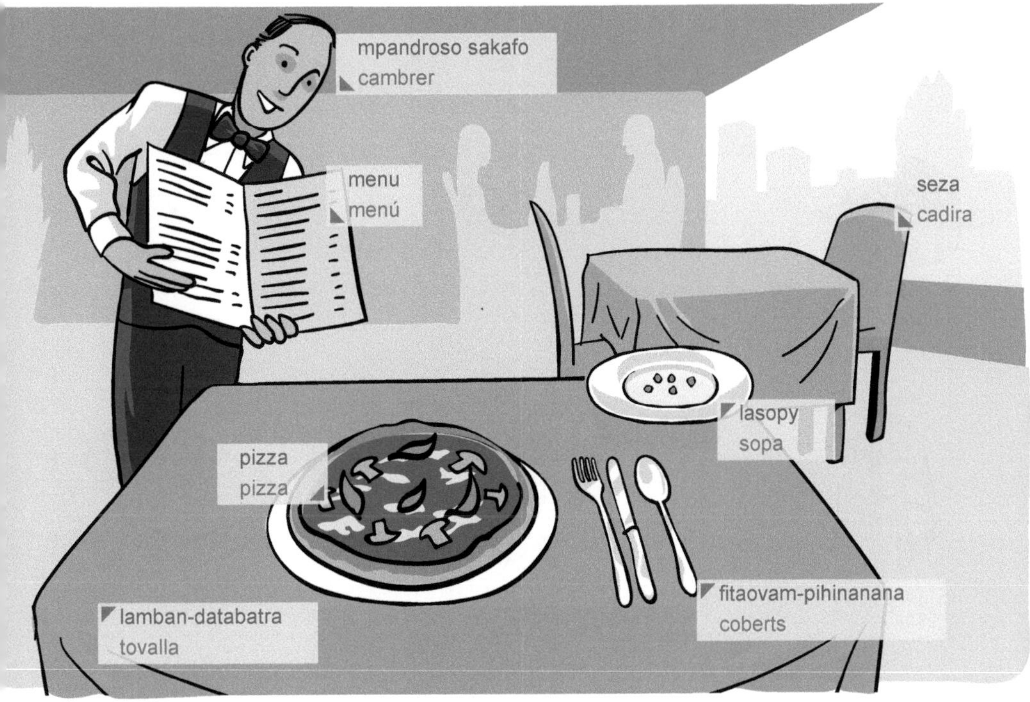
mpandroso sakafo
cambrer
menu
menú
seza
cadira
lasopy
sopa
pizza
pizza
fitaovam-pihinanana
coberts
lamban-databatra
tovalla

entrée

primer plat

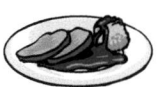

sakafo fototra

plat principal

desera

darreries

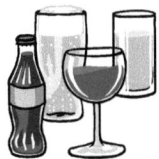

zava-pisotro

begudes

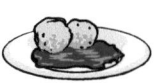

sakafo

menjar

tavoahangy

ampolla

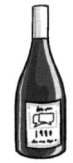

fast food
menjar ràpid

sakafo an-dalambe
menjar de carrer

fitoerana dite
tetera

fitoeran-tsiramamy
sucrer

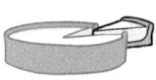

singany
porció

milina espresso
màquina d'espresso

seza avo
trona

faktiora
factura

lovia fandrosoana sakafo
plata

antsy
ganivet

sotrorovitra
forqueta

sotro
cullera

sotrokely
cullereta

servieta
tovalló

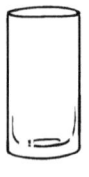

vera
got

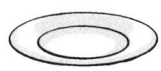

vilia
plat

vilian-dasopy
plat de sopa

vilia bory
plateret

saosy
salsa

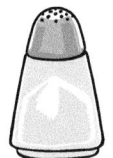

fitoeran-tsira
saler

milina dipoavatra
molinet de pebre

vinaingitra
vinagre

solika
oli

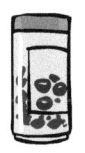

zava-manitra
espècies

ketchup
quètxup

voan-tsinapy
mostassa

maionezy
maionesa

supermarché

supermercat

fihenam-bidy
oferta especial
FOR
mpividy
client
sakafo avy amin'ny ronono
productes lactis
voankazo
fruites
chariot
carret de la compra

BUTCHERS

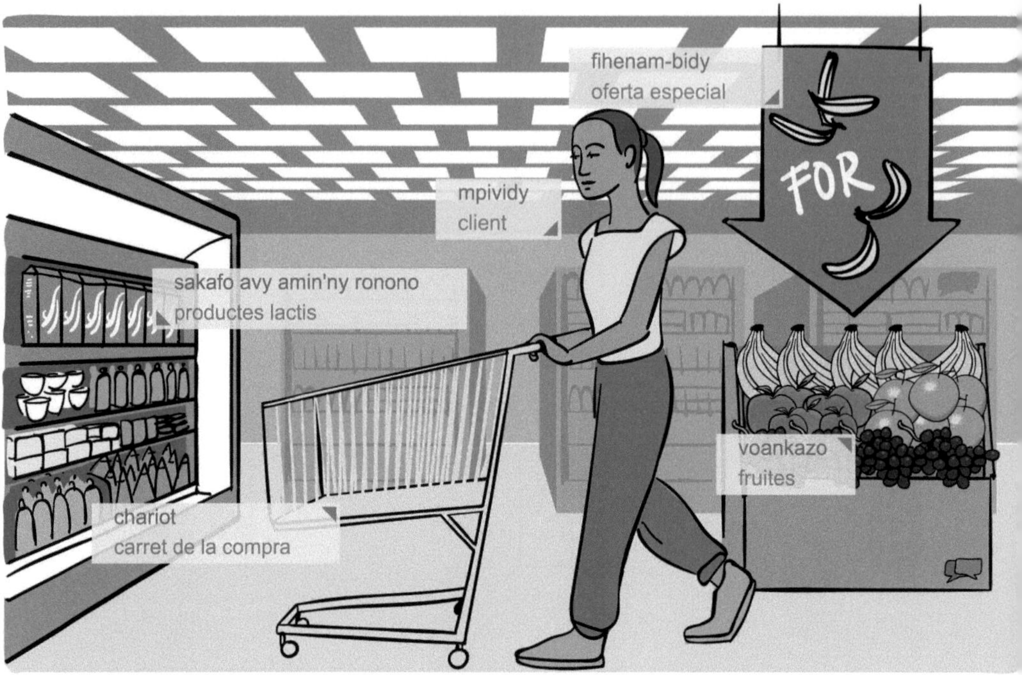

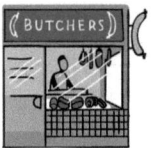

mpivaro-kena

carnisseria

BAKERY

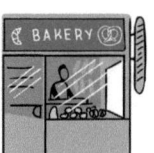

mpivarotra mofo

forn de pa

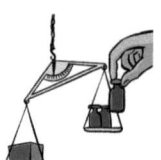

mandanja

pesar

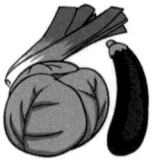

legioma

verdures

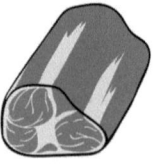

hena

carn

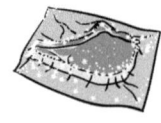

sakafo nampangatsiahana

menjar congelat

hena voahendy

carn freda

sakafo am-by fotsy

conserves

vovon-tsavony

detergent en pols

vatomamy

dolços

fitaovana an-tokatrano

articles domèstics

fitaovana fanadiovana

productes de neteja

mpivarotra

venedora

toerana fandoavam-bola

caixa registradora

mpandray vola

caixera

lisitry ny zavatra vidiana

llista de la compra

ora fiasana

horari d'obertura

portefeuille

portamonedes

fahana amin'ny karatra

carta de crèdit

harona

bossa

harona plastika

bossa de plàstic

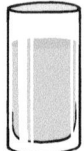

rano

aigua

ranom-boankazo

suc

ronono

llet

coca

coca-cola

divay

vi

labiera

cervesa

toaka

alcohol

sôkôlà mafana

cacau

dite

te

kafe

cafè

espresso

espresso

cappuccino

cappuccino

akondro

banana

paoma

poma

laoranjy

taronja

voatango

síndria

voasarimakirana

llimona

karaoty

pastanaga

tongolo gasy

all

volobe

bambú

tongolo

ceba

holatra

bolet

voamaina

avellanes

paty

fideus

spaghetti

espaguetis

vary

arròs

salady

amanida

ovy frity

patates fregides

ovy voaendy

patates fregides

pizza

pizza

hamburger

hamburguesa

sandwich

entrepà

didin-kena

escalopa

lambo sira

cuixot

salami

salami

saosisy

salsitxa

akoho

pollastre

hena mendy

rostit

trondro

peix

varin-tsoavaly

flocs de civada

muesli

musli

cornflakes

cereals

lafarinina

farina

croissant

croissant

mofodipaina kely

panet

mofo

pa

mofo natono

torrada

bisky

bescuits

dobera

mantega

fromazy fotsy

mató

mofomamy

pastís

atody

ou

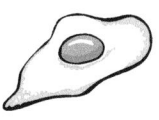

atody nendasina

ou fregit

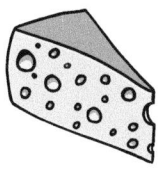

fromazy

formatge

lagilasy

gelat

siramamy

sucre

tantely

mel

kaonfitira

melmelada

crème nougat

crema de xocolata

curry

curri

toeram-pambolena

granja

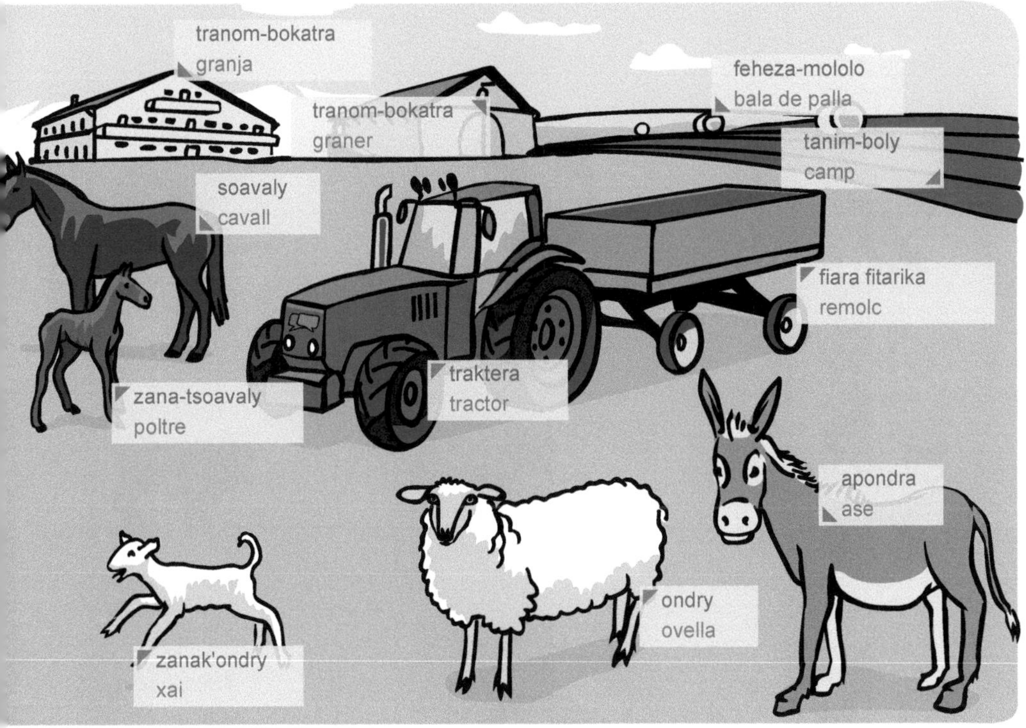

tranom-bokatra
granja
tranom-bokatra
graner
feheza-mololo
bala de palla
tanim-boly
camp
soavaly
cavall
fiara fitarika
remolc
traktera
tractor
zana-tsoavaly
poltre
apondra
ase
ondry
ovella
zanak'ondry
xai

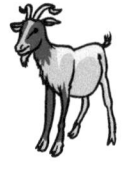

osy
....
cabra

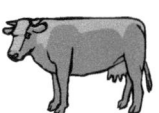

omby vavy
....
vaca

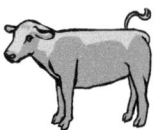

omby
....
vedella

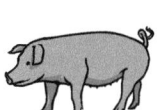

kisoa
....
porc

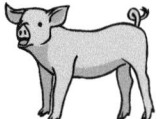

zana-kisoa
....
garrí

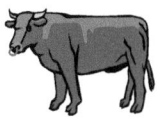

omby
....
bou

gisa
oca

gana
ànec

zanak'akoho
poll

akoho vavy
gall

akoho lahy
gallina

voalavo
rata

saka
gat

voalavo tondro
ratolí

omby
bou

alika
gos

tranon'alika
gossera

fantsona fanondrahana rano
mànega de regar

fanondrahana
regadora

antsy biloka
dalla

angadin'omby
arada

antsim-bilona

falç

antsetra

aixada

farango vy

forca

famaky

destral

borety

carretó

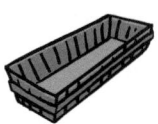

dababe

abeurador

boatin-dronono

lletera

harona

sac

fefy

tanca

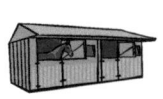

tranom-biby

establa

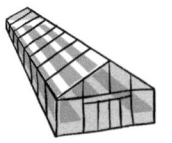

talatalan-jaridaina

hivernacle

tany

sòl

ambeoka

llavor

zezika

adob

milina mpijinja vokatra

collidora

toeram-pambolena - granja

29

vokatra
collir

vokatra
collita

saonjo
nyam

varimbazaha
blat

saozaha
soja

ovy
patata

katsaka
blat de moro o d'indi

colza
colza

hazo fihinam-boa
arbre fruiter

mangahazo
mandioca

voamadinika
cereals

trano
casa

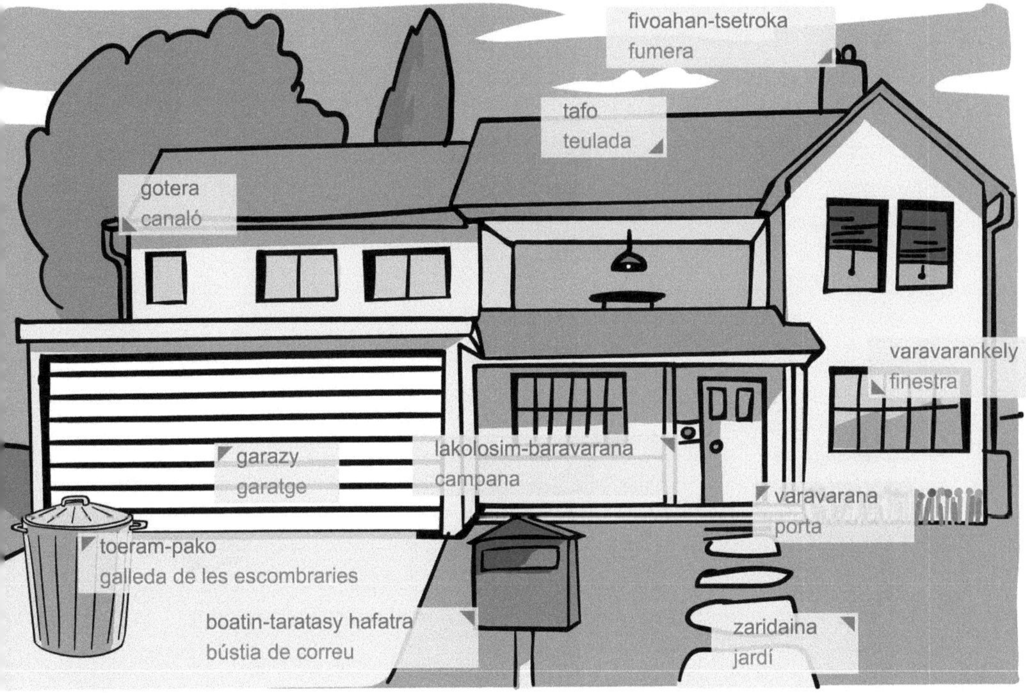
fivoahan-tsetroka
fumera
tafo
teulada
gotera
canaló
varavarankely
finestra
garazy
garatge
lakolosim-baravarana
campana
varavarana
porta
toeram-pako
galleda de les escombraries
boatin-taratasy hafatra
bústia de correu
zaridaina
jardí

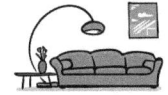

efitra fandraisam-bahiny
sala d'estar

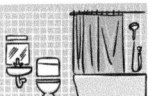

efitra fandroana
bany

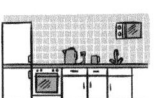

lakozia
cuina

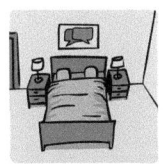

efitra fatoriana
cambra de dormir

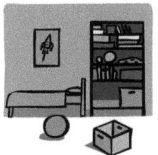

efitranon'ny ankizy
cambra de nen

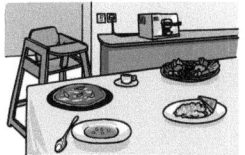

efi-trano fisakafoanana
menjador

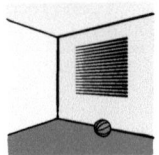

tany
sòl

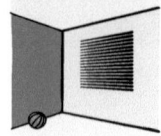

rindrina
paret

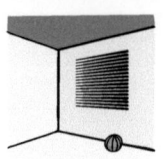

valindrihana
sostre

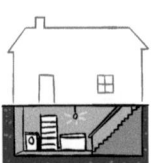

lakavy
soterrani

sauna
sauna

tsimahalavo
balcó

lavarangana
terrassa

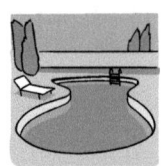

dobo filomanosana
piscina

mpanapaka bozaka
tallagespa

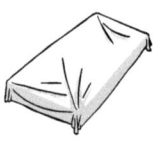

lambam-pandriana
vànova

koety
cobrellit

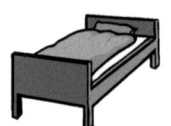

fandriana
llit

kifafa
escombra

sô
galleda

interrupteur
interruptor

efitra fandraisam-bahiny
sala d'estar

sary apetaka
paper de paret
sary
quadre
lampy
làmpada
talantalana
prestatge
lalimoara
armari
fahitalavitra
televisor
anjorinafo
escalfapanxes
voninkazo
flor
lafika
coixí
sofà
sofà
vazy
gerro
telekaomandy
telecomanda

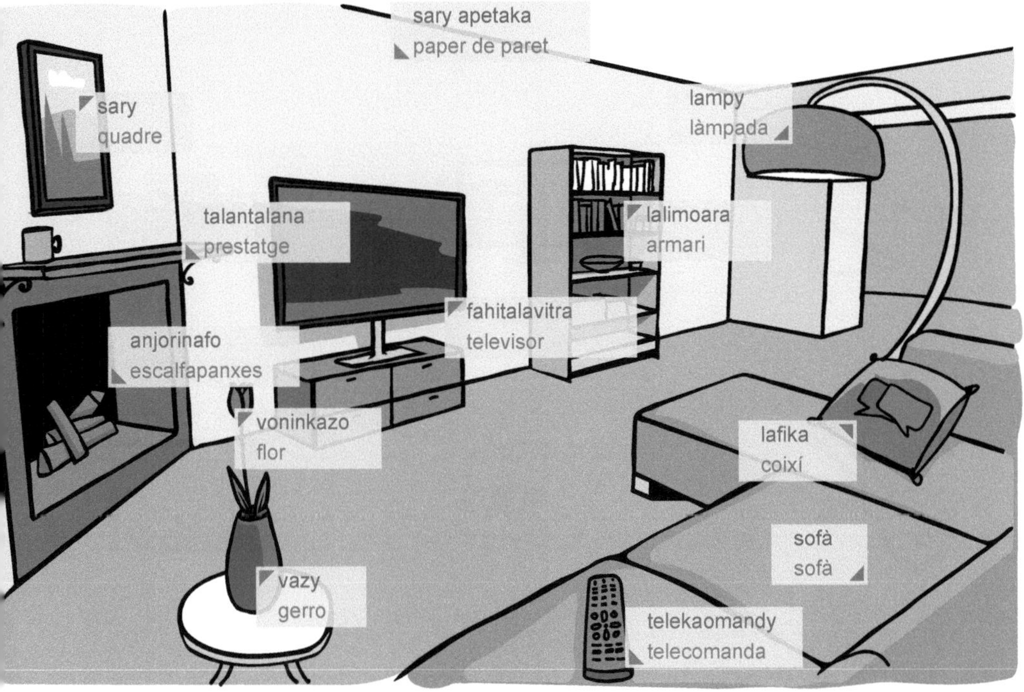

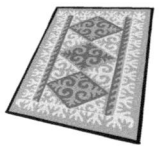

tapis

catifa

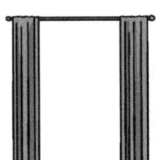

takom-baravarana

cortina

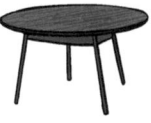

latabatra

taula

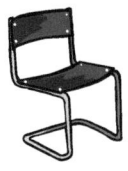

seza

cadira

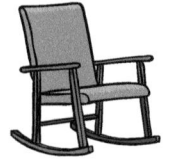

seza savily

cadira gronxadora

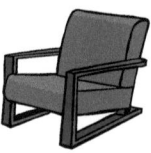

seza mihaja

cadiral

boky

llibre

lamba firakotra

llençol

asa fandravahana

decoració

hazo fandrehitra

llenya

horonantsary

film

fitaovana hi-fi

cadena de música

fanalahidy

clau

gazety

diari

loko

pintura

sary famantarana

cartell

radio

ràdio

kahie fanao tadidy

bloc de notes

aspiratera

aspiradora

raketa

cactus

labozia

candela

lakozia
cuina

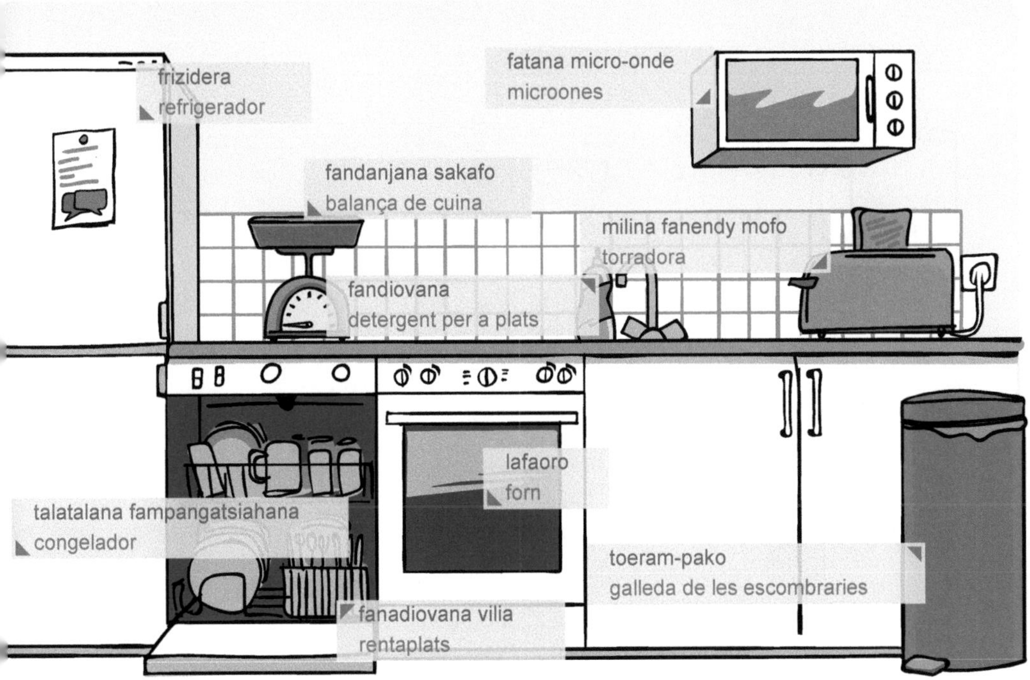

frizidera
refrigerador
fatana micro-onde
microones
fandanjana sakafo
balança de cuina
milina fanendy mofo
torradora
fandiovana
detergent per a plats
lafaoro
forn
talatalana fampangatsiahana
congelador
toeram-pako
galleda de les escombraries
fanadiovana vilia
rentaplats

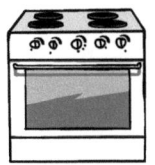

lafaoro

cuina de fogons

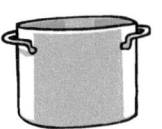

vilany

olla

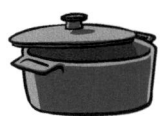

vilany vy

olla de ferro colat

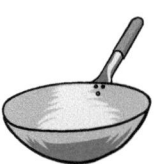

wok / kadai

wok / karahi

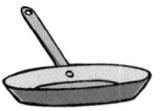

lapoaly

paella

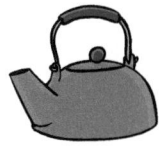

fitaovana fampangotrahana rano

bullidor

vilany mandeha entona

olla de vapor

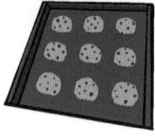

lovia fisaka

plata de forn

fitaovan-dakozia

vaixella

zinga

tassa grossa

vilia baolina

bol

hazokely fihinanana

bastonets xinesos

sotrobe lavatango

culler

spatule

espàtula

fanakapohana atody

batedor

fanatantavanana

colador

lovia sivana

sedàs

fanakikisana

ratllador

laona

morter

kiendiendy

barbacoa

fivoahan'ny setroka

foc a terra

akalana fitetehana

taula de tallar

kodia fandamàna koba

corró

fisontonana bosoa

llevataps

boaty

pot de conserva

fanokafana boaty

obridor

fitazomana vilany

agafador

lavabô

aigüera

borosy

raspall

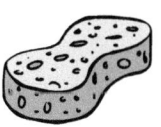

spaonjy

esponja

miksera

batedora

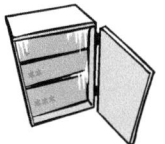

fitaovana fampangatsiahana

congelador

tavoahanginono

biberó

paompy

aixeta

efitra fandroana

bany

fanafanana
calefacció
efitra fandroana
dutxa
servieta
tovallola
lamba fanakon'efitra fandroana
cortina de dutxa
menaka fandroana mandroatra
bany de bombollles
koveta fandroana
banyera
vera
got
milina fanasana lamba
rentadora
paompy
aixeta
taila
rajoles
tavimandry
orinal
lavabô
aigüera

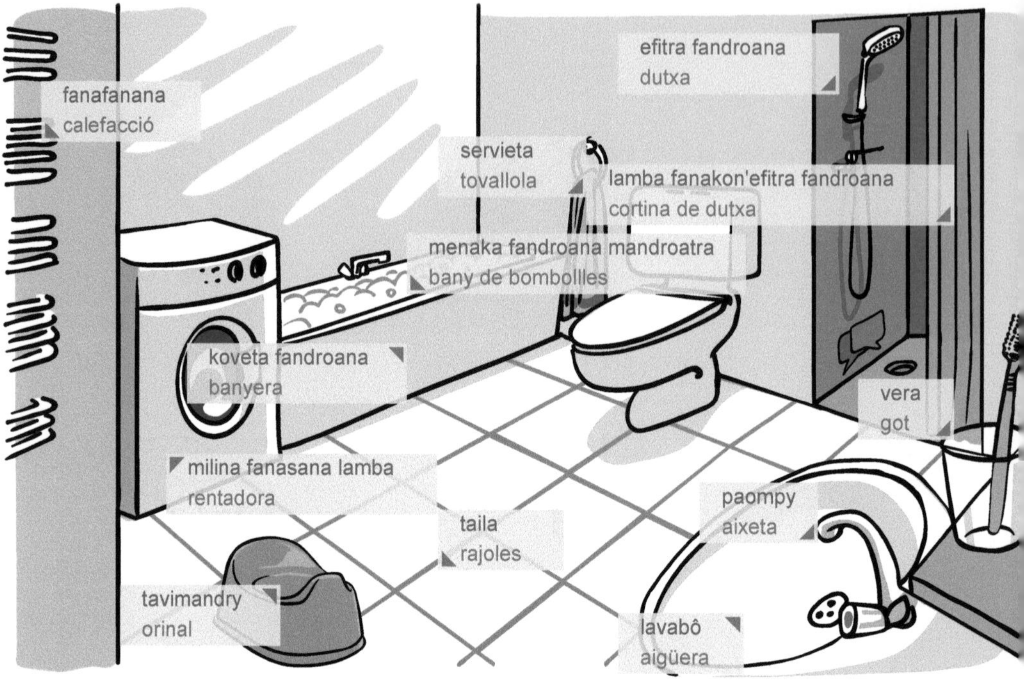

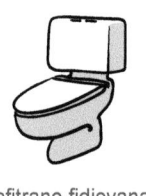

efitrano fidiovana

lavabo

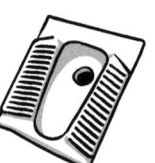

kabone mitsingo

lavabo turc

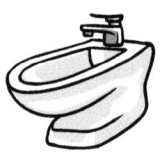

bidet

bidet

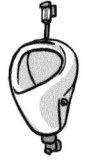

fipipizana

orinador

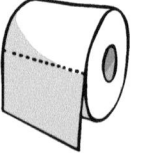

taratasy fidiovana

paper higiènic

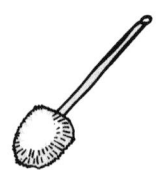

borosy fampiasa an-kabone

escombreta de sanitari

borosinify

raspall de dents

famotsia-nify

pasta de dents

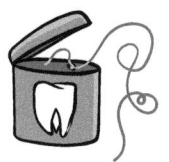

kofehy fanadiova-nify

fil dental

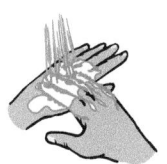

manasa

rentar

fisaika enti-tànana

pom de dutxa

fanadiovana fivaviana

dutxa íntima

kovetabe

rentamans

borosin-damosina

raspall per a l'esquena

savony

sabó

el fampiasa rehefa misaika

gel de dutxa

shampoo

xampú

fonon-tànana enti-misaika

manyopla de bany

tsiranoka

bonera

crème fanosotra

crema

fanalana fofona

desodorant

fitaratra

mirall

fitaratra fihaingo

mirall-espill de mà

hareza

maquineta de rasar

raotra fiharatra

espuma de barbejar

menaka haratra

loció post-rasada

fiogo

pinta

borosy

raspall

fitaovana fanamainam-bolo

eixugador

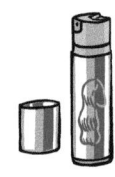

atsifotra amin'ny volo

laca

fikarakarana tarehy

maquillatge

lokomena

pintallavis

haingo hoho

esmalt d'ungles

vohavohan-dandihazo

cotó

fanapahana hoho

tallaungles

ranomanitra

perfum

fitoerana fitaovana an-
kabone

estoig de bellesa

sezabory

tamboret

fandanjana olona

bàscula

akanjo enti-matory

barnús

fonon-tànana enti-manadio

guants de goma

servieta fanary

compresa higiènica

lamba fampiasa amin'ny
fadimbolana

compresa

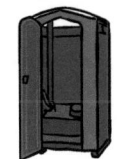

kabone simika

sanitari químic

efitranon'ny ankizy

cambra de nen

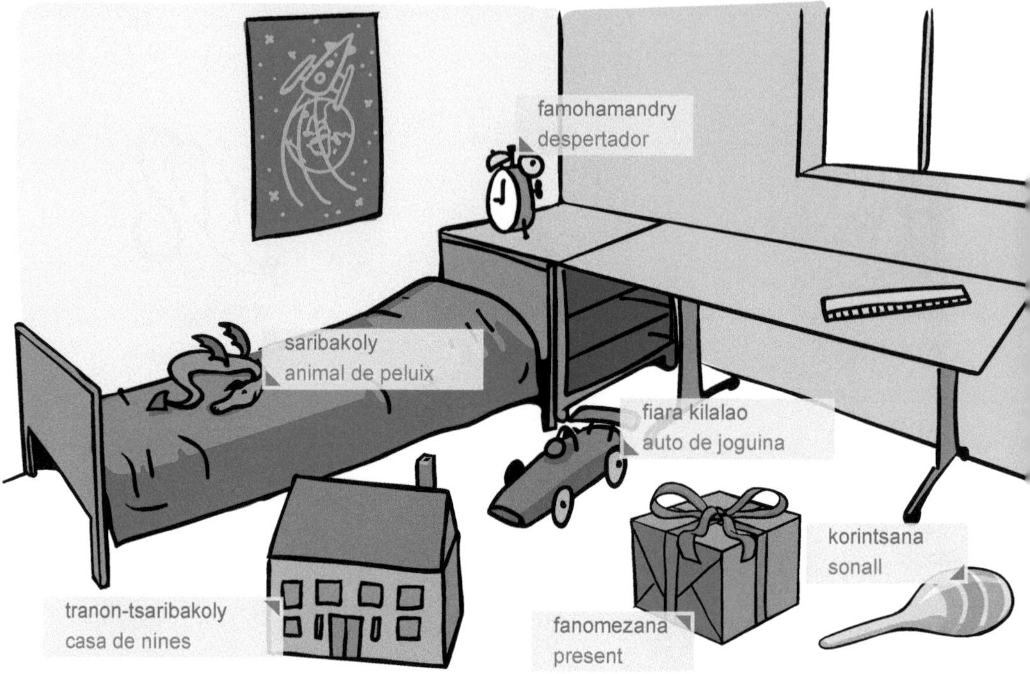

famohamandry
despertador
saribakoly
animal de peluix
fiara kilalao
auto de joguina
korintsana
sonall
tranon-tsaribakoly
casa de nines
fanomezana
present

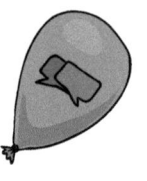

balaonina

baló

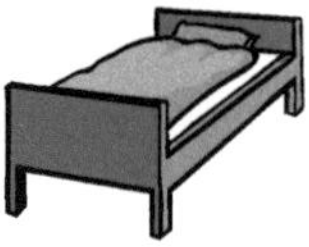

fandriana

llit

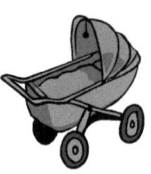

posety

cotxet per a nens

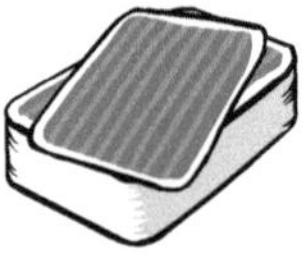

lalao karatra

joc de cartes

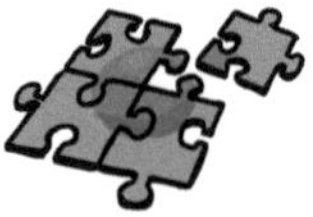

puzzle

trencaclosca

SUPER MEGA

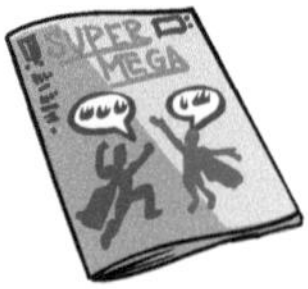

sariitatra

historieta

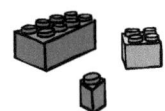

lalao legô

peces de lego

kilalao fananganana trano

peces de construcció

sarivongana kely

ninot d'acció

grenera

granota

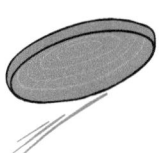

Frisbee

frisbee

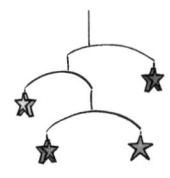

mobile

mòbil per a bressol

jeu de société

joc de taula

kodiakely

daus

lamasinina kely

tren elèctric

solonono

xumet

fety

festa

boky feno sary

llibre de dibuixos

baolina

pilota

saribakoly

nina

milalao

jugar

kovetam-pasika

sorrera

savily

gronxador

kilalao

joguines

kilalao video

consola de jocs de vídeo

tricycle

tricicle

teddy orsa

osset de peluix

fitoeran'akanjo

armari

akanjo
roba

bà kiraro

mitjons

bàn-tongotra

mitges

akanjo manara-batana

mitja pantaló

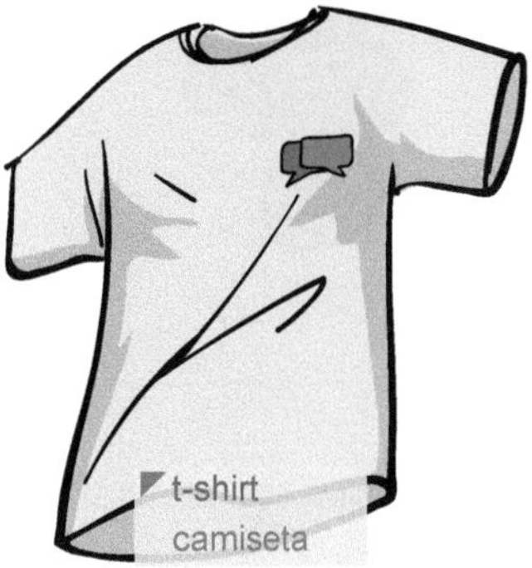

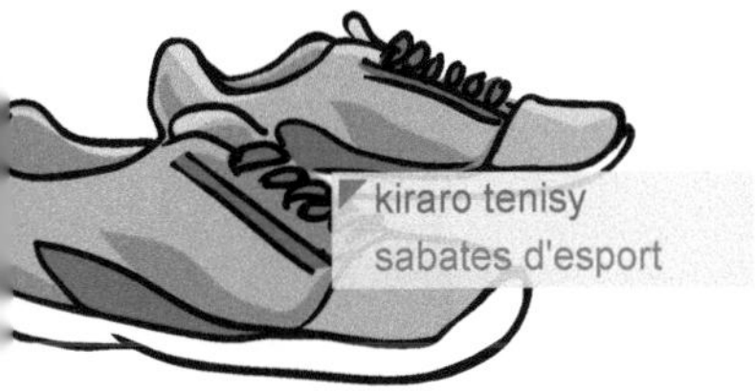

foloara
tapacoll

fehin-kibo
cintura

elo
paraigua

t-shirt
camiseta

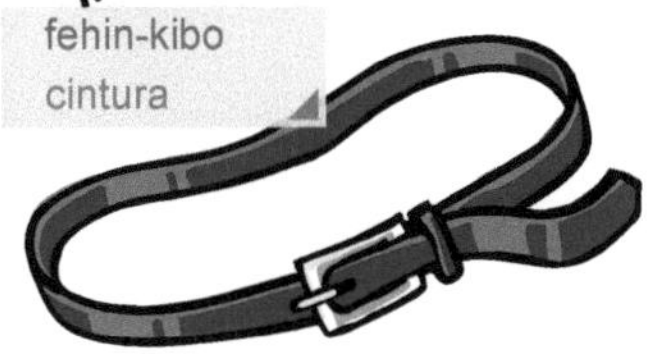

kiraro tenisy
sabates d'esport

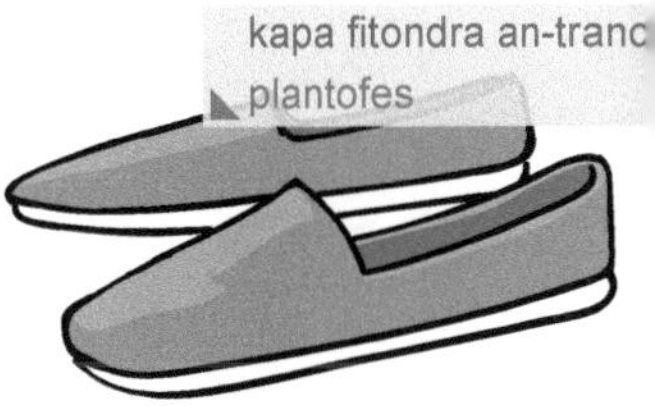

baoty
botes

kapa fitondra an-tranc
plantofes

kapa
....
sandàlies

kiraro
....
sabates

baoty fingotra
....
botes de goma

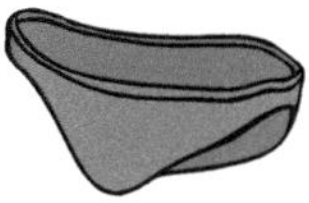

atinakanjo
....
calçonets

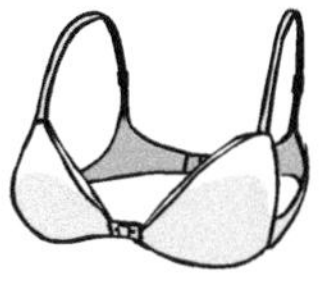

tatinono
....
sostenidor

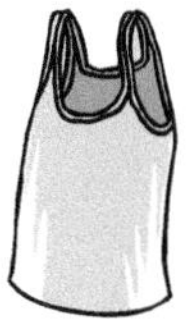

akanjo feno
....
guardapits

akanjo - roba

vatana
....
jjustacòs

pataloha
....
pantalons

jean
....
jeans

zipo
....
faldeta

akanjo ambony
....
brusa

lobaka
....
camisa

pull
....
jersei

akanjo sarotro
....
dessuadora

palitao
....
blazer

palitao
....
jaqueta

palitao
....
mantell

akanjo aro-orana
....
impermeable

akanjo fianjaika
....
vestit de dona

fitafim-behivavy
....
vestit de dona

akanjon'ny ampakarina
....
vestit de núvia

akanjo fianjaika

vestit d'home

akanjo-mandry

camisa de dormir

pijamà

pijama

sari

sari

sarondoha

mocador de cap

turban

turbant

burqa

burca

kaftan

caftan

abaya

abaia

akanjo fitondra milomano

vestit de bany

akanjo fitondra milomano

calçon(et)s de bany

pataloha fohy

pantalons curts

akanjo fitena

xandall

tablie

davantal

fonon-tànana

guants

bokotra

botó

solomaso

ulleres

brasele

braçalet

rojo

collaret

peratra

anell

kavina

orellera

satroka

casquet

fanantonana palitao

penjador

satroka

capell

fehivozo

corbata

hidikorisa

cremallera

aroloha

casc

beritelo

elàstics

fanamian'ny mpianatra

uniforme escolar

fanamiana

uniforme

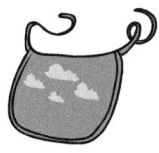

bavoara

pitet

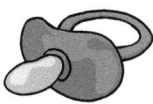

solonono

xumet

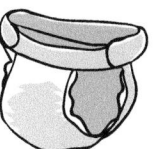

taty

bolquer

birao
oficina

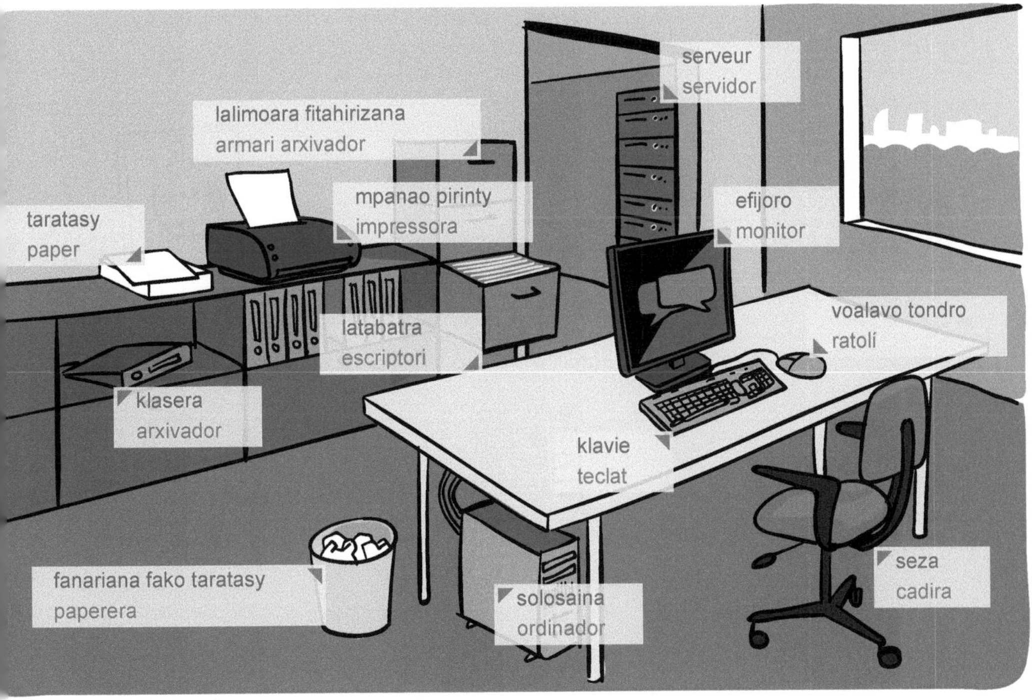
serveur
servidor
lalimoara fitahirizana
armari arxivador
mpanao pirinty
impressora
taratasy
paper
efijoro
monitor
voalavo tondro
ratolí
latabatra
escriptori
klasera
arxivador
klavie
teclat
fanariana fako taratasy
paperera
solosaina
ordinador
seza
cadira

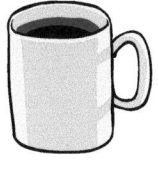

kaopin-kafe

tassa de cafè

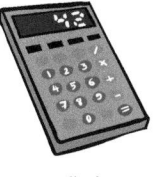

mpikajy

calculadora

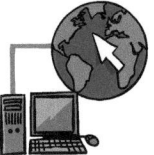

aterineto

Internet

solosaina maivana

ordinador portàtil

taratasy

lletra

hafatra

missatge

mobile

mòbil

tambajotra

xarxa

imprimante

fotocopiadora

rindrambaiko

programari

finday

telèfon

prizy

presa de corrent

fax

fax

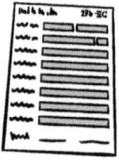

efitra fenoina

formulari

fehezan-taratasy

document

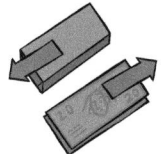

mividy

comprar

mandoa vola

pagar

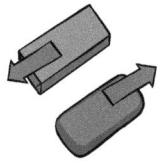

misera

comerciar

vola

diners

dôlara

dòlar

euro

euro

yen

ien

rouble

ruble

Franc suisse

franc suís

renminbi yuan

renminbi

roupie

rupia

fangalàna vola

caixa automàtica

toerana fanakalozana vola

oficina de canvi

volamena

or

volafotsy

argent

solika

petroli

angovo

energia

vidiny

preu

fifanekena

contracte

hetra

impost

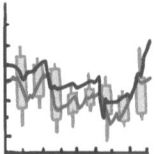

action borsa

acció

miasa

treballar

mpiasa

treballador

mpampiasa

empresari

orinasa

fàbrica

fivarotana

botiga

mpitandro filaminana
oficial de policia

mpamonjy voina
bomber

mahandro
cuiner

dokotera
doctora

mpanamory
pilot

mpikarakara zaridaina

jardiner

mpandrafitra

fuster

vehivavy mpanjaitra

costurera

mpitsara

jutge

mpahay simia

química

mpilalao sarimihetsika

actor

mpamily fiara fitateram-
bahoaka

conductor d'autobús

mpamily fiarakaretsaka

taxista

mpanjono

pescador

vehivavy mpanadio

dona de la neteja

mpanao tafo

ensostrador

mpandroso sakafo

cambrer

mpihaza

caçador

mpandoko

pintor

mpanao mofo

forner

elektrisianina

electricista

mpanao trano

obrer de la construcció

injeniera

enginyer

mivaro-kena

carnisser

plombier

llanterner

faktera

correu

miaramila

soldat

mpanao mari-trano

arquitecte

mpandray vola

caixera

mpivarotra voninkazo

florista

mpanao volo

perruquer

mpizara tapakila

revisor

mpahay mekanika

mecànic

kapiteny

capità

mpitsabo nify

dentista

siantifika

científic

raby

rabí

imam

imam

moanina

monjo

pretra

capellà

fitaovana
eines

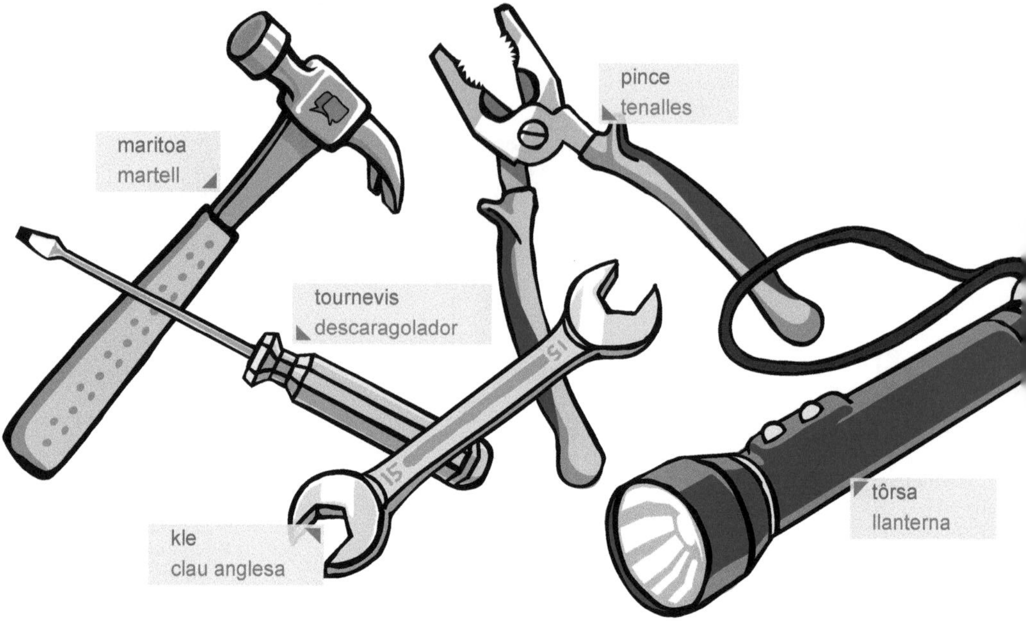
maritoa
martell
pince
tenalles
tournevis
descaragolador
kle
clau anglesa
tôrsa
llanterna

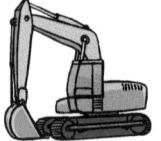

pelleteuse
excavadora

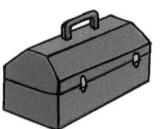

boaty fanisy fitaovana
caixa d'eines

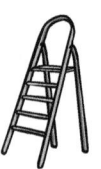

tohatra
escala

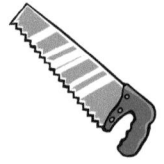

tsofa
serra

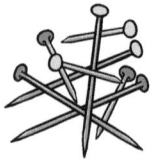

fantsika
claus

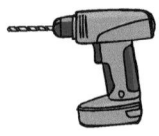

perceuse
trepant

manarina
reparar

lapela
pala

Kyy!
Maleït siga!

angadim-pako
pala

boatin-doko
pot de pintura

visy
caragols

zava-maneno
instrument de música

haut-parleur
altaveu

vata maro anaka
bateria

gitara
guitarra

contrebasse
contrabaix

trompetra
trompeta

vata maro afitsoka

piano

lokanga

violí

basse

baix

amponga timpani

timbal

aponga

tambor

klavie

teclat

saksa

saxofon

sodina

flauta

mikrao

micròfon

valan-javaboary

zoo

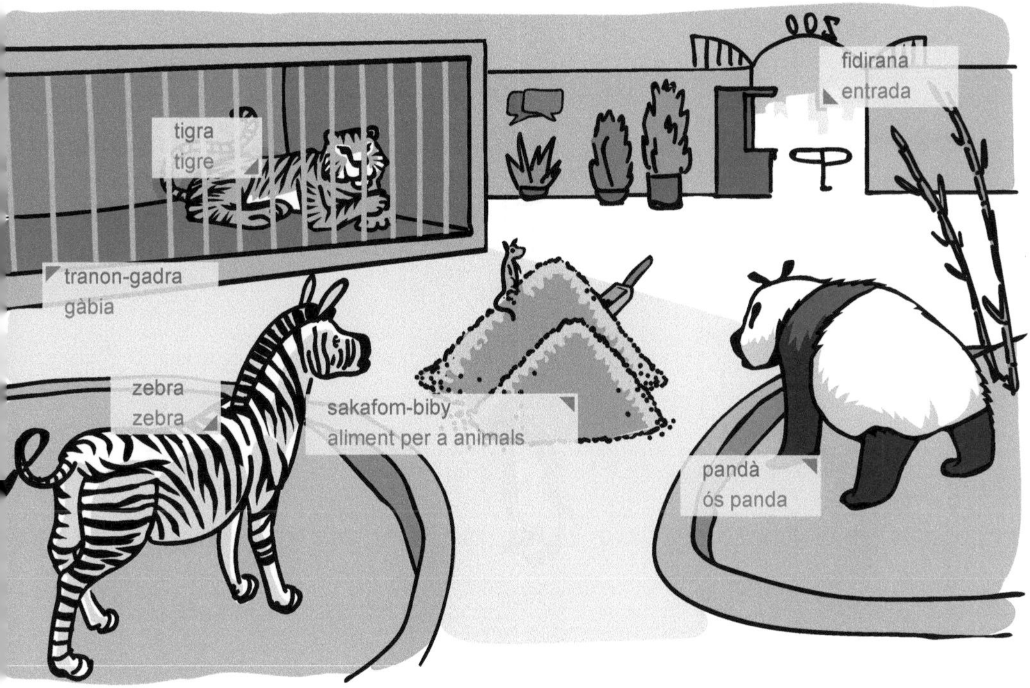

tigra
tigre
fidirana
entrada
tranon-gadra
gàbia
zebra
zebra
sakafom-biby
aliment per a animals
pandà
ós panda

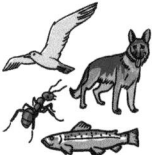

biby
animals

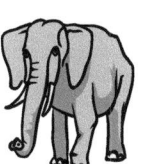

elefanta
elefant

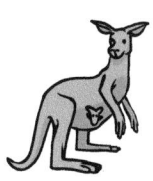

kangoroa
cangurú

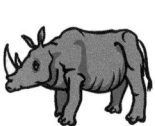

rinôserôsy
rinoceront

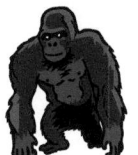

gôrila
goril·la

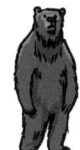

orsa
ós

rameva

camell

aotrisy

estruç

liona

lleó

rajako

simi

sama

flamenc

boloky

papagai

orsa polera

ós polar

pengoa

pingüí

atsantsa

ca mari

vorombola

paó

bibilava

serp

voay

cocodril

mpiandry valan-javaboary

guardià del zoo

fôko

foca

jagoara

jaguar

poney
poni

leopara
lleopard

hipôpôtamo
hipopòtam

zirafa
girafa

voromahery
àliga

lambo
senglar

trondro
peix

sokatra
tortuga

môrsa
morsa

renard
guineu

gazely
gasela

Football amerikana
futbol americà

hazakazaka am-bisikileta
ciclisme

tennis
tenis

baskety
bàsquet

lomano
natació

boxe
boxa

hockey an-dranomandry
hoquei sobre gel

baolina kitra
futbol americà

badminton
bàdminton

atletisma
atletisme

handball
handbol

ski
esquí

polo
polo

mihomehy
riure

itsambikina
saltar

mamihina
abraçar

mihira
cantar

mandeha
anar

manonofy
somiar

mivavaka
pregar

manoroka
fer un petó

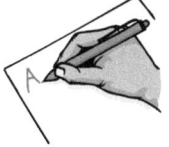

manoratra

escriure

manao sary

dibuixar

maneho

mostrar

manosika

pitjar

manome

donar

mandray

prendre

manana

tenir

manao

fer

mizovy

ésser

mijoro

estar dret

mihazakazaka

córrer

misintona

estirar

manary

llançar

lavo

caure

mandry

jeure

miandry

esperar

mitondra

portar

mipetraka

asseure's

miakanjo

vestir-se

matory

dormir

mifoha

despertar-se

mijery

mirar

mitomany

plorar

fahatapahan'ny lalan-dra

amoixar

fiogo

pentinar

miresaka

parlar

mahay

comprendre

milaza

demanar

mihaino

escoltar

misotro

beure

mihinana

menjar

mandamina

endreçar

mitia

estimar

mahandro

cuinar

mamily

conduir

lalitra

volar

miandriaka

navegar

mikajy

calcular

mamaky

llegir

mianatra

aprendre

miasa

treballar

mivady

casar-se

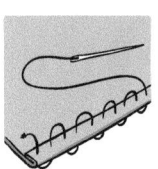

manjaitra

cosir

miborosy nify

raspallar-se les dents

mamono

matar

mifoka

fumar

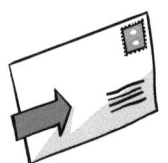

mandefa

enviar

renibe
àvia

dadabe
avi

ray
pare

reny
mare

zaza
nadó

zanaka vavy
filla

zanaka lahy
fill

vahiny
convidat

nenitoa
tia

dadatoa
oncle

rahalahy
germà

rahavavy
germana

vatana

cos

handrina
front
maso
ull
soroka
espatlla
rantsan-tànana
dit
tarehy
cara
saoka
barbeta
tànana
mà
ranjo
cama
nono
pit
sandry
braç

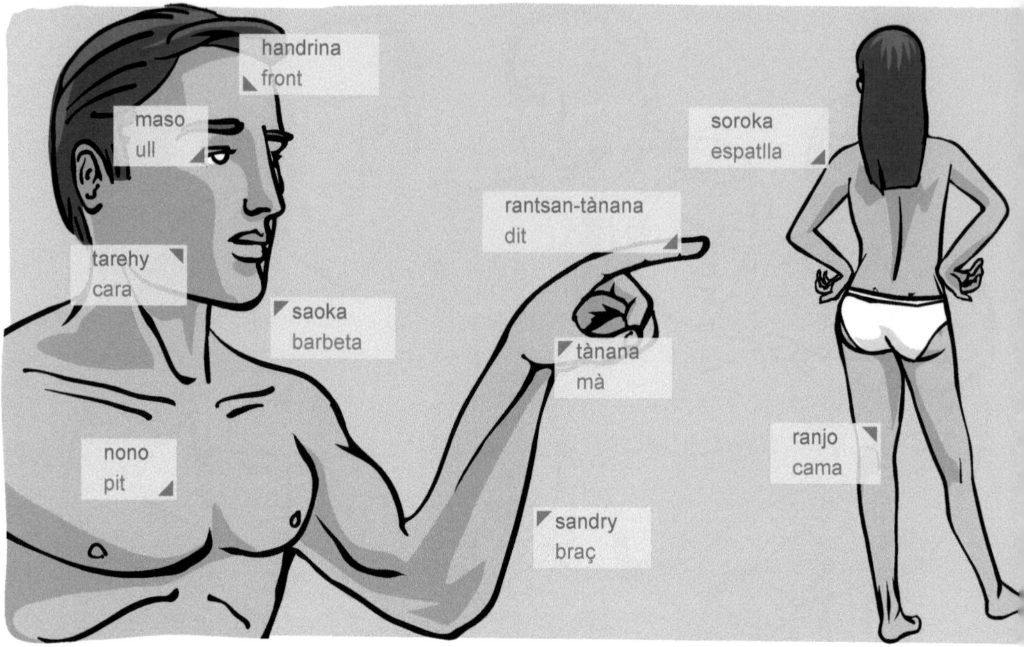

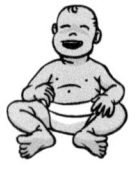

zaza

nadó

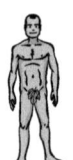

lehilahy

home

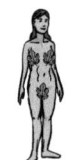

vehivavy

dona

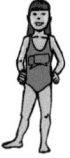

vavy

noia

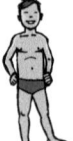

lahy

noi

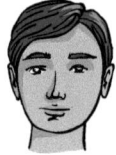

loha

cap

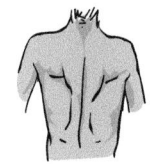

lamosina

esquena

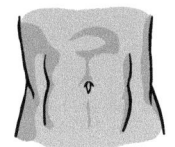

kibo

panxa

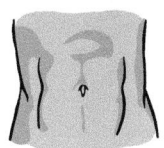

foitra

melic

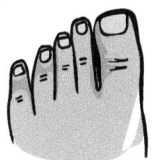

rantsan-tongotra

dit gros del peu

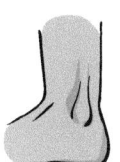

voditongotra

taló

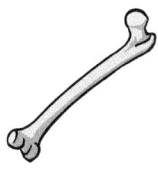

taolana

os

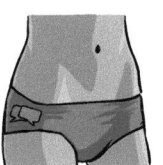

valahana

maluc

lohalika

genoll

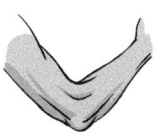

kiho

colze

orona

nas

vody

cul

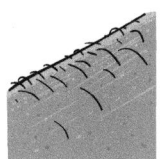

hoditra

pell

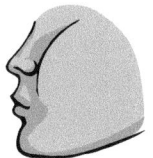

takolaka

galta

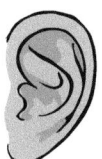

sofina

orella

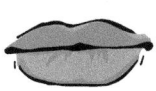

molotra

llavi

vava

boca

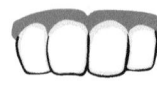

nify

dent

lela

llengua

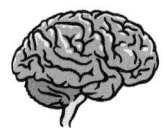

saina

cervell

fo

cor

ozatra

múscul

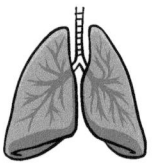

havokavoka

pulmó

aty

fetge

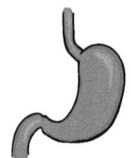

vavony

estómac

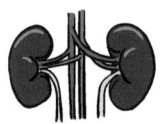

voa

ronyó

firaisana ara-nofo

relació sexual

fimailo

preservatiu

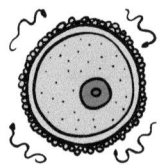

tsirivavy

ovari

ranonaina

semen

vohoka

prenyat

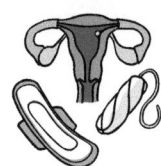

fadimbolana

menstruació

fivaviana

vagina

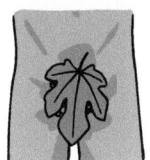

filahiana

penis

volomaso

cella

volo

cabells

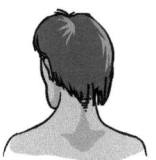

tenda

coll

hopitaly
hospital

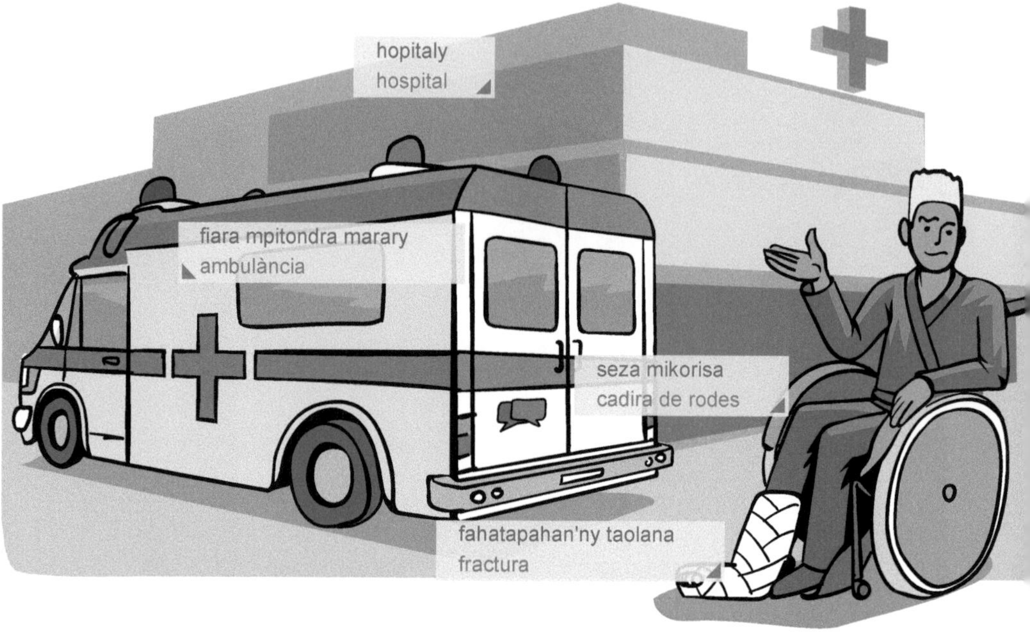

hopitaly
hospital
fiara mpitondra marary
ambulància
seza mikorisa
cadira de rodes
fahatapahan'ny taolana
fractura

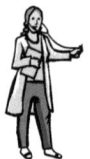

dokotera

doctora

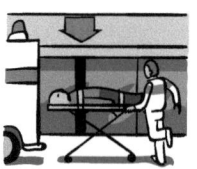

efitra vonjy taitra

sala d'urgències

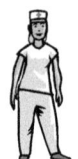

mpitsabo mpanampy

infermera

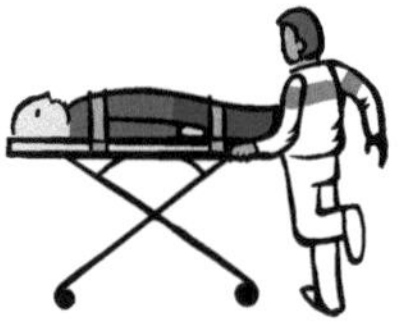

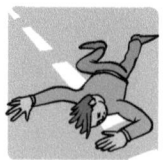

vonjy taitra

urgència

tsy mahatsiaro tena

inconscient

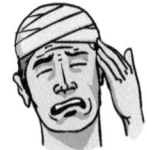

fanaintainana

dolor

faharatràna

ferida

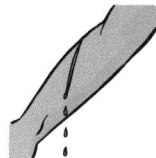

mandeha rà

sagnament

aretim-po

atac de cor

fahatapahan'ny lalan-dra

apoplexia

tsy fahazakana sakafo

al·lèrgia

kohaka

tos

tazo

febre

gripa

gripa

fivalanana

diarrea

aretin'an-doha

mal de cap

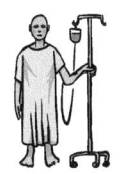

homamiadana

càncer

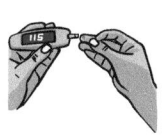

diabeta

diabetis

dokotera mpandidy

cirurgià

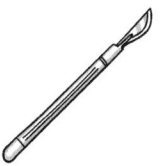

antsy fandidiana

escalpel

fandidiana

operació

TC

tomografia computada (TC),
TAC

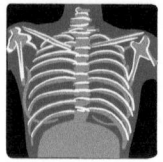

taratra X

raigs x

ekôgrafia

ultrasò

saron-tava

mascareta

aretina

malaltia

efitrano fiandrasana

sala d'espera

tehina

crossa

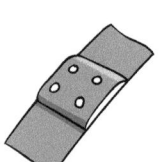

taha fery

tireta

bandy

embenat

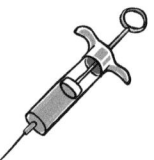

tsindrona

injecció

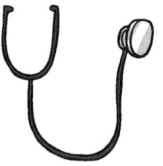

stetoskopy

estetoscopi

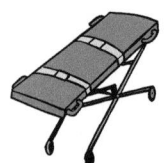

filanjana marary

llitera

fitaovana fitsapana
hafanana

termòmetre clínic

fahaterahana

pariment

hatavezana tafahoatra

sobrepès

fitaovana fandrenesana

aparell auditiu

famonoana mikraoba

desinfectant

fifindràna aretina

infecció

viriosy

virus

VIH / SIDA

VIH / SIDA

fitsaboana

medicina

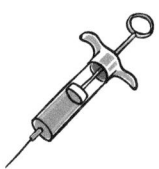

vaksiny

vaccí

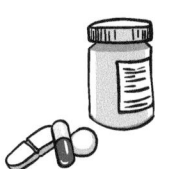

pilina

comprimits

pilina

píl·lola

antso vonjy taitra

trucada d'urgència

fitaovana fitsapana tosi-drà

tensiòmetre

marary / salama

malalt / sà

Vonjeo!

Socors!

antso fanairana

alarma

herisetra

assalt

vono

atac

loza

perill

fivoahana raha misy loza

sortida-eixida d'urgència

Afo!

Foc!

fitaovam-pamonoana afo

extintor

loza

accident

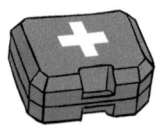

fitaovam-pitsaboana
vonjimaika

farmaciola de primers
auxilis

SOS

SOS

pôlisy

policia

Eoropa

Europa

Amerika avaratra

Amèrica del Nord

Amerika atsimo

Amèrica del Sud

Afrika

Àfrica

Azia

Àsia

Aostralia

Austràlia

Atlantika

Atlàntic

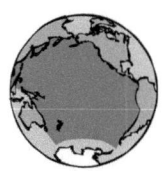

Pasifika

Pacífic

Ranomasimbe Indiana

Oceà Índic

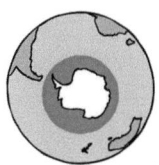

Oseana Antarktika

Oceà Antàrtic

Oseana Arktika

Oceà Àrtic

Tendrotany avaratra

pol nord

Tendrotany atsimo

pol sud

Antarktika

Antàrtida

tany

terra

tany

país

ranomasina

mar

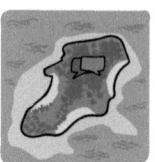

nosy

illa

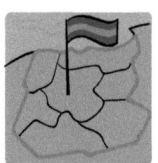

tanindrazana

nació

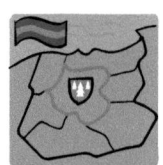

firenena

estat

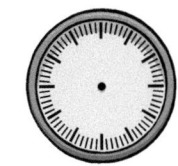

tavam-pamantaranandro

quadrant

tondro ora

agulla de les hores

tondro minitra

agulla dels minuts

tondro segondra

agulla dels segons

Amin'ny firy izao?

Quina hora és?

andro

dia

fotoana

temps

izao

ara

famantaranandro niomerika

rellotge digital

minitra

minut

ora

hora

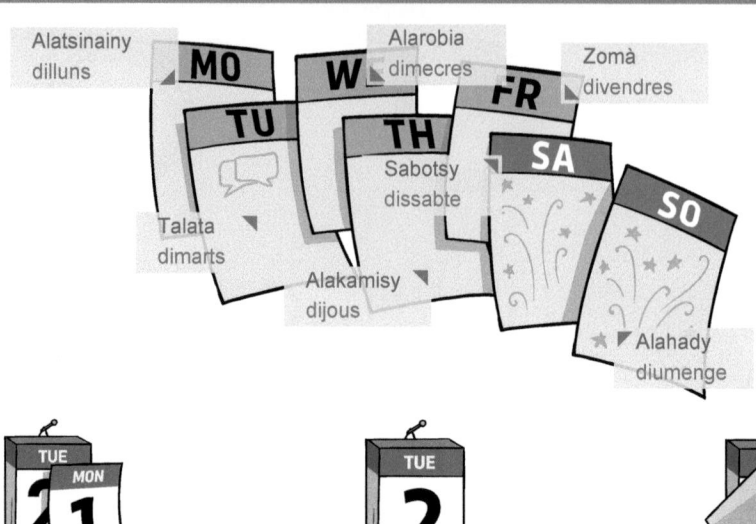

Alatsinainy
dilluns

MO

W dimecres
Alarobia

Zomà
divendres
FR

TU

TH
Sabotsy
dissabte

SA

SO

Talata
dimarts

Alakamisy
dijous

Alahady
diumenge

omaly
....
ahir

androany
....
avui

ampitso
....
demà

maraina
....
matí

atoandro
....
migdia

hariva
....
tarda

adro fiasàna
....
dia feiner

faran'ny herinandro
....
cap de setmana

taona
any

orana
pluja
avana
arc de Sant Martí
ranomandry
neu
rivotra
vent
lohataona
primavera
fararano
tardor
vanin-taona maina
estiu
ririnina
hivern

4.APRIL 11°
5.APRIL 4°
6.APRIL 13°
7.APRIL 8°
8.APRIL 10°

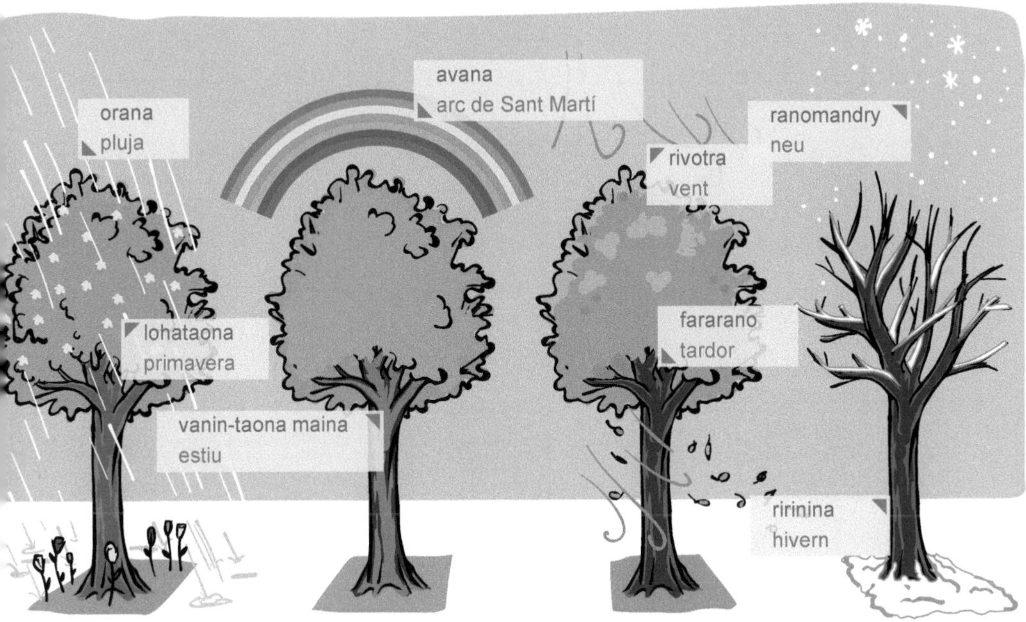

vinavina ara-toetrandro
....
pronòstic del temps

F
C
120
90
60
30
0
-30
40
30
20
10
0
-10
-20

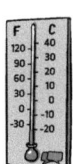

thermomètre
....
termòmetre

tara-masoandro
....
llum del sol

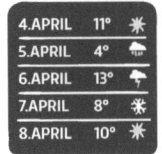

rahona
....
núvol

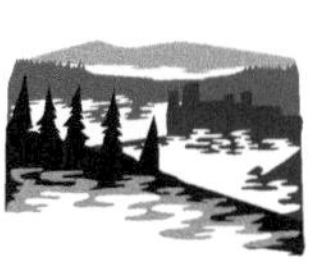

zavona
....
boira

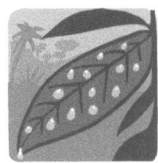

hamandoana
....
humiditat de l'aire

tselatra
llamp

kotroka
tro

tafio-drivotra
tempesta

havandra
calamarsa

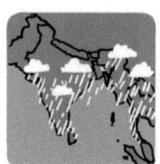

fahavaratra
monsó

tondra-drano
inundació

vaingan-drano
gel

Janoary
gener

Febroary
febrer

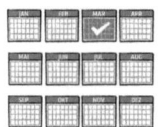

Martsa
març

Avrila
abril

Mey
maig

Jiona
juny

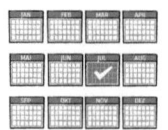

Jolay
juliol

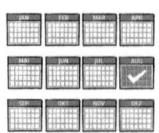

Aogositra
agost

taona - any

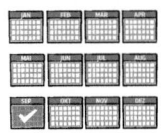

Septambra
....
setembre

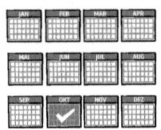

Oktobra
....
octubre

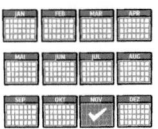

Novambra
....
novembre

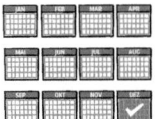

Desambra
....
desembre

boribory
....
cercle

efamira
....
quadrat

efajoro
....
rectangle

telozoro
....
triangle

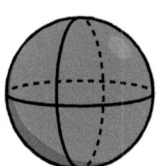

bola
....
esfera

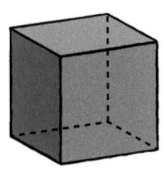

goba
....
cub

fotsy

blanc

mavo

groc

laoranjy

taronja

mavokely

rosa

mena

vermell

voloparasy

lila

manga

blau

maitso

verd

volotany

marró

volondavenona

gris

mainty

negre

betsaka / vitsy

molt / poc

tezitra / tony

emprenyat / tranquil

tsara / ratsy

bonic / lleig

fiandohana / fiafarana

començament / fi

lehibe / kely

gran / petit

mazava / maloka

clar / fosc

rahalahy / rahavavy

germà / germana

madio / maloto

net / brut

feno / banga

complet / incomplet

andro / alina

dia / nit

maty / velona

mort / viu

malalaka / tery

ample / estret

azo hanina / tsy fihinana

comestible / immenjable

tsivalahara / tsara fanahy

dolent / amable

endratra / sorena

entusiasmat / entediat

matavy / mahia

gros / prim

voalohany / farany

primer / darrer

mpinamana / mpifahavalo

amic / enemic

feno / foana

ple / buit

mafy / malefaka

dur / tou

mavesatra / maivana

pesant / lleuger

noana / mangetaheta

gana / set

marary / salama

malalt / sà

tsy ara-dalàna / ara-dalàna

il·legal / legal

mahay / vendrana

intel·ligent / ximple

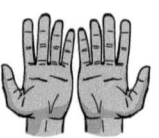

havia / havanana

esquerra / dreta

akaiky / lavitra

prop / llunyà

vaovao / tranainy

nou / usat

tsy misy / misy

res / quelcom

antitra / tanora

vell / jove

mandeha / maty

encès / apagat

mivoha / mihidy

obert / tancat

mangina / mitabataba

silenciós / sorollós

manankarena / mahantra

ric / pobre

marina / diso

correcte / incorrecte

marokoroko / malama

aspre / suau

malahelo / faly

trist / content

fohy / lava

curt / llarg

mora / faingana

lent / ràpid

mando / maina

humit / sec - eixut

mafana / mangatsiaka

calent / fred

ady / fahalemana

guerra / pau

0

aotra

zero

1

iray

u

2

roa

dos

3

telo

tres

4

efatra

quatre

5

dimy

cinc

6

enina

sis

7

fito

set

8

valo

vuit

9

sivy

nou

10

folo

deu

11

iraikambinifolo

onze

12

roambinifolo

dotze

13

teloambinifolo

tretze

14

efatrambinifolo

catorze

15

dimiambinifolo

quinze

16

eninambinifolo

setze

17

fitoambinifolo

disset

18

valoambinifolo

divuit

19

siviambinifolo

dinou

20

roapolo

vint

100

zato

cent

1.000

arivo

mil

1.000.000

tapitrisa

milió

Anglisy

anglès

Anglisy amerikana

anglès americà

Fiteny sinoa mandarina

xinès mandarí

Hindi

hindi

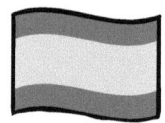

Espaniola

espanyol

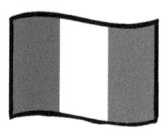

Frantsay

francès

Fiteny arabo

àrab

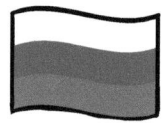

Fiteny rosiana

rus

Portogey

portuguès

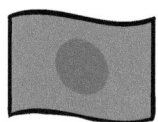

Bengaly

bengalí

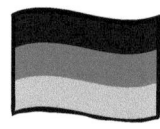

Alemà

alemany

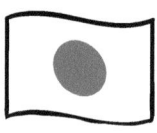

Japoney

japonès

izaho

jo

ianao

tu

izy / io

ell / ella / allò

isika

nosaltres

ianao

vosaltres

zareo

ells

iza?

qui?

inona?

què?

ahoana?

com?

aiza?

on?

oviana?

quan?

anarana

nom

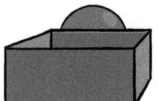

aorina

darrere

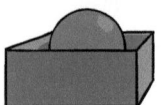

anaty

en

anoloana

davant de

any

damunt

ambony

sobre

ambany

sota

ankila

al costat

afovoany

entre

toerana

lloc